CADERNO DE ATIVIDADES

4

Organizadora: Editora Moderna
Obra coletiva concebida, desenvolvida e produzida pela Editora Moderna.

Editora Executiva:
Maíra Rosa Carnevalle

NOME: ....

....TURMA: ....

ESCOLA: ....

....

1ª edição

© Editora Moderna, 2019

Elaboração de originais:

Thalita Bernal
Bacharel em Ciências Biológicas pela Universidade Federal de São Carlos.
Mestra em Ciências pela Universidade de São Paulo.
Bióloga atuante na área de Educação em Saúde.

Coordenação editorial: Maíra Rosa Carnevalle
Edição de texto: Ofício do Texto Projetos Editoriais
Assistência editorial: Ofício do Texto Projetos Editoriais
Gerência de *design* e produção gráfica: Everson de Paula
Coordenação de produção: Patricia Costa
Suporte administrativo editorial: Maria de Lourdes Rodrigues
Coordenação de *design* e projetos visuais: Marta Cerqueira Leite
Projeto gráfico: Adriano Moreno Barbosa, Daniel Messias, Mariza de Souza Porto
Capa: Bruno Tonel
   Ilustração: Raul Aguiar
Coordenação de arte: Wilson Gazzoni Agostinho
Edição de arte: Teclas Editorial
Editoração eletrônica: Teclas Editorial
Coordenação de revisão: Elaine Cristina del Nero
Revisão: Ofício do Texto Projetos Editoriais
Coordenação de pesquisa iconográfica: Luciano Baneza Gabarron
Pesquisa iconográfica: Ofício do Texto Projetos Editoriais
Coordenação de *bureau*: Rubens M. Rodrigues
Tratamento de imagens: Fernando Bertolo, Joel Aparecido, Luiz Carlos Costa, Marina M. Buzzinaro
Pré-impressão: Alexandre Petreca, Everton L. de Oliveira, Marcio H. Kamoto, Vitória Sousa
Coordenação de produção industrial: Wendell Monteiro
Impressão e acabamento: HRosa Gráfica e Editora
Lote: 287963

Dados Internacionais de Catalogação na Publicação (CIP)
(Câmara Brasileira do Livro, SP, Brasil)

Buriti plus : ciências : caderno de atividades / organizadora Editora Moderna ; obra coletiva concebida, desenvolvida e produzida pela Editora Moderna ; editora executiva Maíra Rosa Carnevalle. – 1. ed. – São Paulo : Moderna, 2019.

Obra em 4 v. para alunos do 2º ao 5º ano.
Ensino fundamental, anos iniciais.
Componente curricular: Ciências
Bibliografia.

1. Ciências (Ensino fundamental) I. Carnevalle, Maíra Rosa.

19-24573   CDD-372.35

Índices para catálogo sistemático:
1. Ciências : Ensino fundamental 372.35

Maria Paula C. Riyuzo — Bibliotecária — CRB-8/7639

ISBN 978-85-16-11913-3 (LA)
ISBN 978-85-16-11914-0 (LP)

Reprodução proibida. Art. 184 do Código Penal e Lei 9.610 de 19 de fevereiro de 1998.
Todos os direitos reservados
EDITORA MODERNA LTDA.
Rua Padre Adelino, 758 – Belenzinho
São Paulo – SP – Brasil – CEP 03303-904
Vendas e Atendimento: Tel. (0_ _11) 2602-5510
Fax (0_ _11) 2790-1501
www.moderna.com.br
2020
Impresso no Brasil

1 3 5 7 9 10 8 6 4 2

Apresentação

CARO(A) ALUNO(A)

Fizemos este Caderno de Atividades para que você tenha a oportunidade de reforçar ainda mais seus conhecimentos em Ciências.

No início de cada unidade, na seção **Lembretes**, há um resumo do conteúdo explorado nas atividades, que aparecem em seguida.

As atividades são variadas e distribuídas em quatro unidades, planejadas para auxiliá-lo a aprofundar o aprendizado.

Bom trabalho!

Os editores

Sumário

Unidade 1 • A vida que a gente não vê **5**
Lembretes **5**
Atividades 7
Unidade 2 • Seres vivos e ecossistema **20**
Lembretes **20**
Atividades 22
Unidade 3 • A matéria e suas transformações **33**
Lembretes **33**
Atividades 34
Unidade 4 • Aprender com o céu **45**
Lembretes **45**
Atividades 46

UNIDADE 1 — A vida que a gente não vê

Lembretes

A invenção do microscópio

- Microscópios são instrumentos utilizados para ampliar imagens de estruturas muito pequenas, como os microrganismos.
- A invenção desse instrumento foi muito importante para o estudo da vida e para o desenvolvimento da Ciência.
- Os microscópios ópticos utilizam uma fonte de luz e um sistema de lentes para ampliar as imagens.

As células

- Todos os seres vivos são formados por células. Eles podem ser unicelulares ou pluricelulares.
- Célula é uma pequena estrutura composta por uma membrana e preenchida por um líquido viscoso.
- As células são capazes de se reproduzir e de desempenhar todas as atividades necessárias para a sua sobrevivência.
- As células podem apresentar diferentes formas, tamanhos e funções.

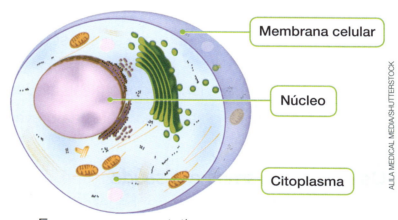

Esquema representativo de uma célula.

Os vírus e as bactérias

- Os vírus são seres microscópicos que não são formados por células.
- Não há consenso sobre os vírus serem seres vivos ou não.
- Os vírus só conseguem viver e se reproduzir dentro das células de seres vivos.
- Alguns vírus podem causar doenças nos seres vivos. Exemplos: gripe, sarampo e dengue.
- As bactérias são seres vivos microscópicos unicelulares.

- Algumas bactérias podem causar doenças, e os antibióticos podem ser usados para tratá-las.
- Existem bactérias e vírus que são benéficos para outros seres vivos e para o meio ambiente.

Os fungos e os protozoários

- Os fungos são seres vivos que podem ser unicelulares, como as leveduras, ou pluricelulares, como os cogumelos e os bolores.
- Os fungos alimentam-se de restos de seres vivos, como as folhas e os animais mortos, e ajudam na decomposição desses materiais.
- Grande parte do organismo dos cogumelos e bolores fica abaixo da superfície em que estão instalados, sendo composta por fios microscópicos, compridos e finos, chamados hifas. As partes que ficam acima da superfície são estruturas de reprodução, chamadas corpo de frutificação.
- Os protozoários são seres microscópicos unicelulares e alimentam-se de seres vivos ou de restos deles.
- Os protozoários apresentam diferentes estruturas de locomoção: cílios, flagelos e projeções do corpo.
- Alguns protozoários e fungos podem causar doenças. Outros podem trazer benefícios.
- Os hábitos de higiene são importantes na prevenção de doenças causadas por microrganismos.

Os microrganismos e a saúde

- Os microrganismos podem ser benéficos, neutros ou causar doenças.
- Os microrganismos nocivos podem entrar em nosso corpo de diversas formas: através da pele, por meio da água e de alimentos contaminados, por picadas de insetos e pelo contato com gotículas de saliva.

Tecnologia e saúde

- As vacinas são importantes para prevenir diversas doenças.
- Alguns medicamentos são usados para tratar os sintomas das doenças.
- Outros medicamentos, como os antibióticos, podem matar os microrganismos que causam as infecções.
- Os medicamentos só devem ser usados com prescrição médica.
- Atualmente, existem muitos equipamentos que ajudam no diagnóstico de doenças. Exemplos: aparelhos de raios X, tomógrafos e microscópios.

Atividades

1 Troque os símbolos pelas letras correspondentes e descubra os componentes fundamentais de um microscópio óptico.

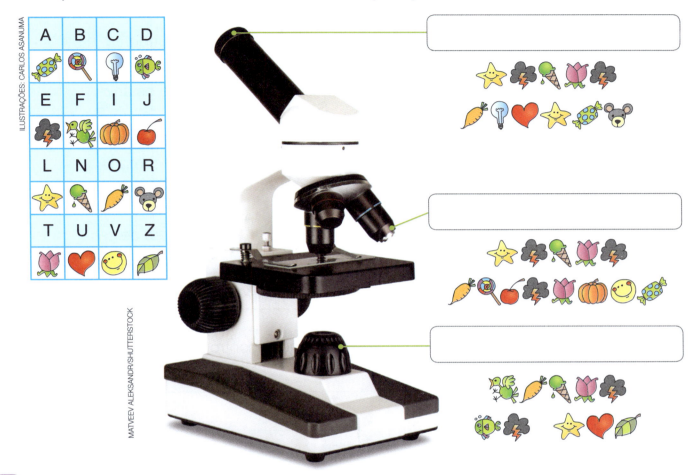

2 Marque com **X** a figura do ser vivo que só pode ser visualizado com a ajuda de um microscópio.

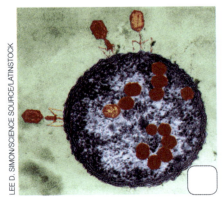

Vírus atacando bactéria.

Vaga-lume.

Rã.

3 Encontre no diagrama os nomes das estruturas presentes na maioria das células.

B	F	T	T	G	M	O	V	I	O	K	N	J
A	E	C	I	T	P	L	N	I	Y	Y	I	C
U	O	M	B	G	V	V	E	Z	X	E	Z	Q
L	Y	M	E	M	B	N	Ú	C	L	E	O	C
T	Q	Z	L	M	F	H	A	S	O	I	T	G
U	S	X	V	X	B	N	H	T	Q	W	E	R
V	C	Z	D	F	R	R	I	Y	U	P	D	W
X	C	I	T	O	P	L	A	S	M	A	R	E
A	V	E	C	G	H	K	I	N	K	I	Ç	P
Z	T	Y	U	B	N	N	M	Q	A	Z	D	L

Dica

São três estruturas.

- Agora, forme frases com as palavras que você encontrou no diagrama.

_____

_____

_____

_____

_____

_____

_____

_____

8

4. Observe a imagem.

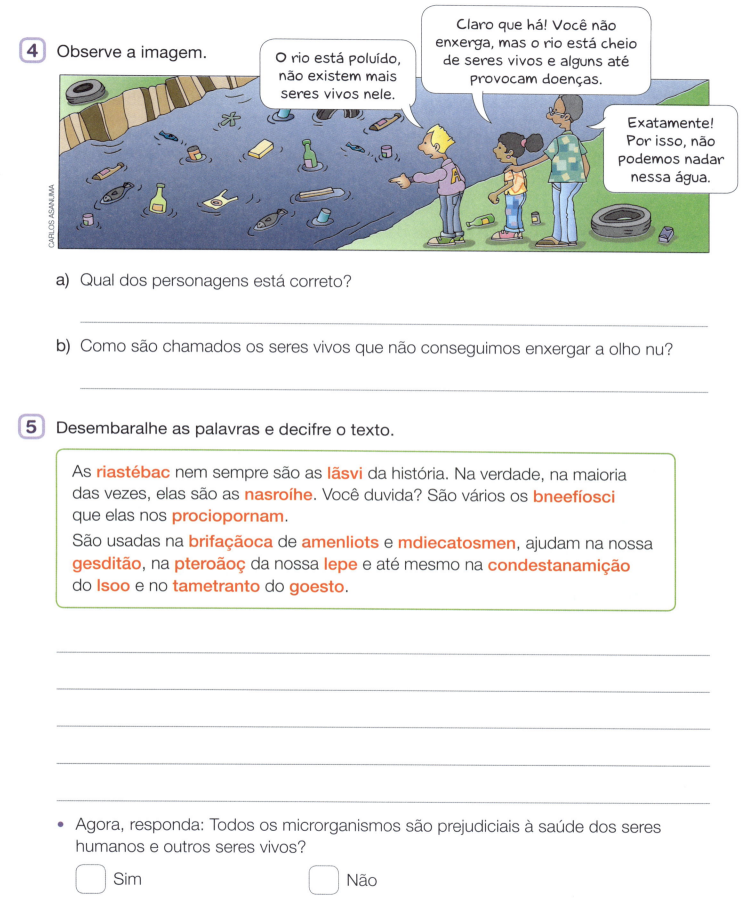

- O rio está poluído, não existem mais seres vivos nele.
- Claro que há! Você não enxerga, mas o rio está cheio de seres vivos e alguns até provocam doenças.
- Exatamente! Por isso, não podemos nadar nessa água.

a) Qual dos personagens está correto?

_____

b) Como são chamados os seres vivos que não conseguimos enxergar a olho nu?

_____

5. Desembaralhe as palavras e decifre o texto.

> As **riastébac** nem sempre são as **lãsvi** da história. Na verdade, na maioria das vezes, elas são as **nasroíhe**. Você duvida? São vários os **bneefíosci** que elas nos **prociopornam**.
>
> São usadas na **brifaçãoca** de **amenliots** e **mdiecatosmen**, ajudam na nossa **gesditão**, na **pteroãoç** da nossa **lepe** e até mesmo na **condestanamição** do **lsoo** e no **tametranto** do **goesto**.

_____

_____

_____

_____

- Agora, responda: Todos os microrganismos são prejudiciais à saúde dos seres humanos e outros seres vivos?

☐ Sim   ☐ Não

6 Leia as frases e pinte de verde as corretas.

1 As células são capazes de produzir ou obter energia para sua sobrevivência.

2 Todos os seres vivos são formados por células. Os que possuem apenas uma são chamados de unicelulares.

3 As células não são capazes de se reproduzir.

4 Nos organismos pluricelulares, o conjunto de células que desempenham a mesma função forma um tecido.

• Agora, corrija as frases que estão incorretas.

_____

_____

7 Leia o texto e depois assinale a alternativa correta.

[...] Trata-se de agentes infecciosos, parasitas por natureza, que só conseguem se replicar dentro de células vivas de um organismo. Podem infectar animais, plantas e até mesmo bactérias.

Ao contrário do que ocorre com as células, não aumentam de tamanho e tampouco conseguem se dividir. Por serem pequenos, [...] só podem ser vistos com o auxílio de microscópios eletrônicos.

Em 2003, foi descoberta uma nova categoria [...], que diferem dos demais, sobretudo por seu tamanho avantajado, podendo ser vistos ao microscópio óptico.

Alexander Kellner. Gigante do passado. *Ciência hoje,* 18 mar. 2014.
Disponível em: <http://mod.lk/aginfec>. Acesso em: 23 abr. 2019.

• O texto descreve as características dos(das):

☐ bactérias.   ☐ vírus.   ☐ protozoários.   ☐ fungos.

8 Escolha as palavras do quadro que completam corretamente as frases.

Vírus	Gripe	Inseto	Zika
Picada	Chikungunya	Bactéria
Fungo	Lactobacilo	Cólera

Dica: As palavras podem ser usadas mais de uma vez. Atenção aos espaços das lacunas do texto!

A dengue é causada por um _____ que é transmitido pela _____ de um _____. Além dessa doença, o mesmo _____ é responsável por transmitir os _____ que provocam a _____ e a _____.

9 Leia a tirinha e responda às questões.

ARMANDINHO — Alexandre Beck

a) O que pode acontecer com os dentes se não forem escovados corretamente?

_____

b) Esse problema é causado por qual microrganismo?

☐ Bactérias   ☐ Protozoários
☐ Vírus   ☐ Fungos

c) Por que escovar os dentes pode prevenir esse problema?

_____
_____

10 Leia cada frase e pinte o símbolo 👍 se você concordar com ela ou o símbolo 👎 se você discordar dela.

👍 👎 **1** — As bactérias são seres vivos unicelulares e microscópicos.

👍 👎 **2** — Os vírus são seres vivos unicelulares.

👍 👎 **3** — As bactérias podem ser encontradas em muitos lugares. Por exemplo: no ar, na água, no corpo de outros seres vivos e até mesmo nas profundezas dos oceanos.

👍 👎 **4** — Todas as bactérias e vírus são causadores de doenças.

👍 👎 **5** — Para tratar doenças causadas por bactérias são usados os antibióticos.

👍 👎 **6** — Os vírus podem causar doenças.

11 Observe os ingredientes usados para fazer pão. Depois, complete a frase.

Receita de pão

Ingredientes:
- 1 colher (sopa) de açúcar
- 3 colheres (chá) de sal
- 1 colher (sopa) de óleo
- 6 xícaras (chá) de farinha de trigo
- 2 tabletes de fermento biológico fresco
- Meio litro de água morna

O fermento biológico usado para fazer o pão contém em sua fórmula um microrganismo chamado de levedura. Então, podemos dizer que o pão é produzido com a ajuda de um _____.

12 Observe a imagem, complete as frases e preencha a cruzadinha.

a) O fungo que está no pão é chamado de _____.

b) O que enxergamos é o corpo de _____.

c) Essa estrutura está relacionada à _____ desses fungos.

d) No meio do pão, crescem as _____, que não conseguimos enxergar, mas que estão presentes ali.

e) Comer alimentos nessas condições faz mal à _____.

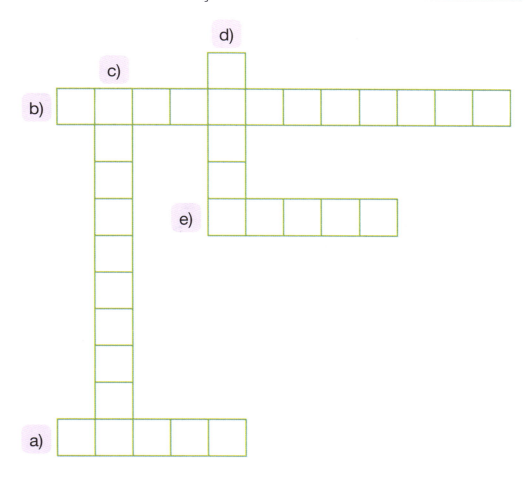

13 Observe a imagem do *Trypanosoma cruzi* obtida com o microscópio.

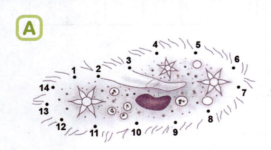

Trypanosoma cruzi. Imagem colorida artificialmente. Aumento de 600 vezes.

- Marque com **X** o nome da estrutura de locomoção do agente causador da doença de Chagas:

  ☐ cílios

  ☐ flagelo

  ☐ projeções do corpo

14 Desembaralhe as letras e descubra outras doenças causadas por protozoários.

LÁRAIMA _____

AEMASEBÍ _____

GIDÍARSEA _____

15 Ligue os pontos e descubra os protozoários representados no desenho.

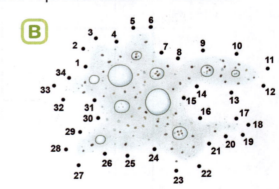

- Agora, responda:

  a) Como eles se locomovem?

  Protozoário A: _____.

  Protozoário B: _____.

  b) Os protozoários são organismos unicelulares ou pluricelulares?

  _____

16 Depois da aula de Ciências, um grupo de amigos resolveu organizar as informações sobre prevenção e transmissão de algumas doenças. Faça parte dessa equipe e ajude-os a completar o quadro.

Doenças	Forma de transmissão	Forma de prevenção
Cólera		
Dengue	Picada de inseto	
Febre amarela		Tomar vacina.
Salmonelose		Cozinhar bem os alimentos e lavar as mãos antes das refeições.

17 Circule as atitudes que devemos adotar para prevenir as doenças transmitidas por alimentos contaminados.

18 Troque os símbolos pelas letras e descubra o nome de doenças que são transmitidas por picadas de insetos.

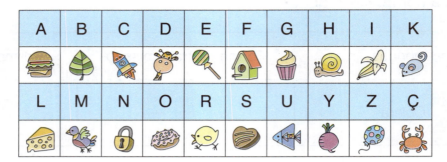

19 Marque com **X** as situações que ajudam na proliferação do inseto transmissor dos vírus causadores da dengue, zika e chikungunya.

Dica
São seis atitudes!

20 Observe a image, e responda.

a) A atitude do menino está correta?
_____

b) O que poderia acontecer caso ele não cobrisse o nariz e a boca na hora do espirro?
_____
_____
_____

21 Observe a imagem e responda.

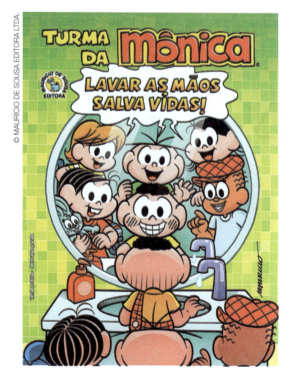

- Você concorda com a frase mostrada na imagem? Por quê?
_____
_____
_____
_____
_____
_____
_____

22 Associe cada doença listada a seguir à respectiva **medida de prevenção**.

1 Amebíase

2 Gripe

3 Febre amarela

4 Cárie

Medidas de prevenção:

☐ Tomar vacina.

☐ Escovar os dentes corretamente e ingerir doces com moderação.

☐ Cobrir a boca e o nariz com um lenço ou com o braço quando espirrar ou tossir, e lavar as mãos. As pessoas que fazem parte do grupo de risco devem tomar vacina.

☐ Não ingerir água nem alimentos contaminados.

23 Troque os símbolos por palavras e descubra uma orientação importante dos profissionais de saúde.

Quando ficamos , devemos procurar um que vai

indicar o que devemos tomar, assim como a quantidade,

os e o necessário para o tratamento.

Tomar sem orientação médica é e muitas vezes

não ajuda a tratar os sintomas das doenças.

_____

_____

_____

_____

24 Leia:

A frase da criança não está correta. Ache no diagrama a função das vacinas e depois complete a frase.

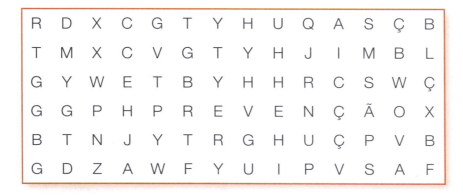

As vacinas são indicadas para a _____ de doenças.

25 Leia o cartaz da campanha de vacinação contra a raiva.

- Agora, complete o texto com a palavra que falta.

  A raiva é uma doença causada por um vírus e pode ser transmitida para os seres humanos pela mordida ou por arranhões de gatos e cachorros.
  A melhor forma de prevenir essa doença

  é por meio da _____ desses animais.

  Cartaz da campanha de vacinação contra a raiva. Prefeitura de São Paulo.

UNIDADE 2 — Seres vivos e ecossistema

Lembretes

Os animais se alimentam

- Os alimentos fornecem energia e nutrientes para os animais.
- Os animais são classificados de acordo com o que consomem em: herbívoros (alimentam-se de plantas), carnívoros (alimentam-se de outros animais), onívoros (alimentam-se tanto de outros animais quanto de plantas) e detritívoros (alimentam-se de restos de plantas e animais em decomposição).

As plantas produzem seu próprio alimento

- As plantas produzem seu próprio alimento por meio da fotossíntese. Para ocorrer a fotossíntese, as plantas usam água e gás carbônico do ambiente.
- As plantas, assim como outros seres vivos, transpiram, respiram e precisam de oxigênio para obter energia.

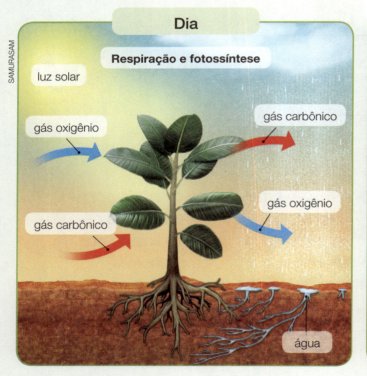
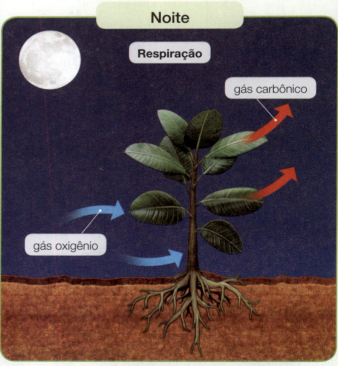

(A) Esquema representativo dos processos de respiração e fotossíntese, durante o dia.
(B) Esquema representativo do processo de respiração, durante a noite.
Os elementos da imagem não estão na mesma proporção. Cores-fantasia.

Os ecossistemas

- A sequência de alimentação em um ecossistema é chamada de cadeia alimentar. Uma cadeia alimentar é composta de produtor (aquele que produz seu próprio alimento), consumidor (aquele que se alimenta de plantas ou outros animais) e decompositor (aquele que se alimenta de restos de seres vivos).
- O Sol é a principal fonte de energia dos ecossistemas.

A decomposição

- Fungos e bactérias alimentam-se de matéria orgânica e são chamados de decompositores.
- O caminho percorrido pelos nutrientes e outros materiais nas cadeias alimentares é chamado de ciclo da matéria.
- Já o caminho da energia ao longo das cadeias alimentares é chamado de fluxo de energia.

Outras relações entre os seres vivos

- Os seres vivos relacionam-se entre si e podem ter benefícios ou se prejudicarem com essas interações.
- O mutualismo, o mimetismo e a camuflagem são relações que beneficiam os seres vivos.
- A competição, o parasitismo e a predação são relações nas quais pelo menos um dos seres vivos é prejudicado.

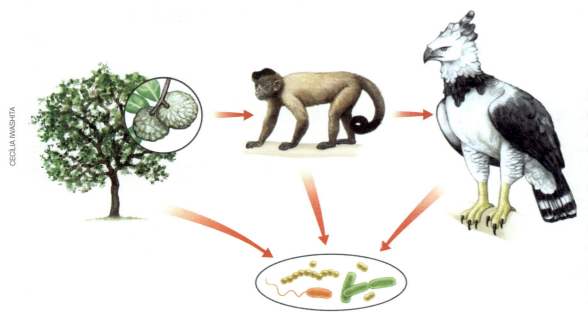

Representação de uma cadeia alimentar, composta de produtor, consumidores e decompositores.

Os elementos da imagem não estão na mesma proporção. Cores-fantasia.

Atividades

1. Leia e classifique os animais em herbívoros, carnívoros, onívoros ou detritívoros, de acordo com os hábitos alimentares deles.

JAGUATIRICA

Alimenta-se de aves e pequenos roedores.

BICHO-PAU

Alimenta-se de folhas e brotos, principalmente de goiabeiras e pitangueiras.

URUBU-REI

Alimenta-se de animais mortos.

QUATI

Alimenta-se de frutas, ovos, insetos e outros pequenos animais.

2. Na ilustração a seguir, leve cada animal até seu alimento.

3 Leia o texto.

Lobo-guará, um solitário no cerrado

O belo lobo-guará já caminhou através de florestas, campos e cerrado sul-americanos, mas hoje é encontrado, principalmente, no cerrado. Por isso, é utilizado como símbolo dos movimentos de conservação desse bioma brasileiro. Hoje, ainda é possível encontrá-lo na natureza, mas muito menos do que antigamente. Isso por que esse animal tímido e dócil está ameaçado de extinção.

[...]

Ao contrário da maioria dos membros da família *Canidae*, que caçam em bandos, o lobo-guará é um solitário. Por isso mesmo só se alimenta de animais menores do que ele – como aves e roedores – e vegetais – como raízes e frutos.

A fruta preferida do lobo-guará chama-se lobeira ou fruta-do-lobo (*Solanum lycocarpum*). [...]

O fruto da lobeira age como um vermífugo natural [...]. Por sua vez, ao evacuar, o lobo-guará promove a dispersão das sementes. Portanto, para preservar esta espécie, é preciso também preservar a lobeira e a região onde ela é encontrada: o cerrado.

Bruno Delecave. Lobo-guará, um solitário no cerrado. *Invivo*, 23 set. 2010. Disponível em: <http://mod.lk/loboguar>. Acesso em: 23 abr. 2019.

Lobo-guará.

Lobeira.

a) O lobo-guará é um animal:

☐ Herbívoro   ☐ Carnívoro   ☐ Onívoro   ☐ Detritívoro

b) Ao se alimentar da lobeira, o lobo-guará obtém benefícios para si, além de ajudar na dispersão das sementes da planta.

Qual é o outro processo benéfico entre plantas, insetos e animais que se estabelece com base na alimentação, representado na figura ao lado?

_____

4 Leia a tirinha e responda.

VIVA INTENSAMENTE – URUBUS Will Leite

- De acordo com os alimentos que consome, o animal representado na tirinha é um:

_____.

5 Observe as imagens. A seta azul representa o gás oxigênio; a seta vermelha representa o gás carbônico. Sabendo disso, escreva nas linhas os nomes dos processos representados em cada imagem.

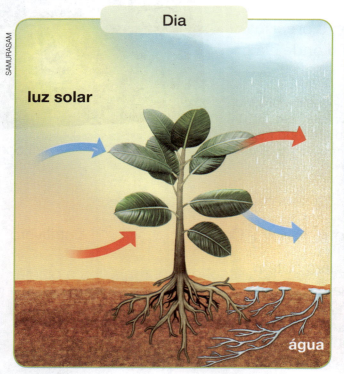

Os elementos da imagem não estão na mesma proporção. Cores-fantasia.

_____ _____

6 Marque com **X** os elementos essenciais para que as plantas produzam seu próprio alimento por meio da fotossíntese.

☐ Gás carbônico   ☐ Água   ☐ Oxigênio   ☐ Luz solar

- Agora, selecione o elemento essencial para que as plantas e outros seres vivos consigam utilizar a energia dos alimentos.

☐ Gás carbônico   ☐ Água   ☐ Oxigênio   ☐ Luz solar

7 Escreva uma frase relacionando os processos de fotossíntese e respiração nas plantas.

_____

_____

_____

_____

8 Complete o texto com as palavras do quadro.

> Trocas gasosas   Transpiração   Folhas   Água
> Fotossíntese   Herbívoros   Raízes

Nas plantas, a água é absorvida pelas _____ e, geralmente,

a _____ ocorre na superfície das folhas. Para reduzir a perda

de água e sobreviver em regiões áridas, as _____ de certas

plantas são transformadas em espinhos. Essa modificação também ajuda a planta

a se proteger de animais _____.

Ao contrário das folhas, os espinhos não fazem _____ nem

respiram. É no caule que as células das plantas realizam as _____

e eliminam _____ em forma de vapor.

9 Complete a cruzadinha a respeito das plantas.

1. Pigmento responsável por captar a energia solar.
2. Importante fonte de energia.
3. Gás necessário para a ocorrência da fotossíntese.
4. Gás liberado na fotossíntese e essencial para a respiração.
5. Substâncias absorvidas do solo que são usadas na produção de estruturas do corpo das plantas.
6. Estrutura na qual geralmente acontecem as trocas gasosas.

10 Descubra no diagrama as palavras que completam o texto.

O conjunto formado pelos _____ e pelos componentes não vivos é chamado de _____. Existem muitos ecossistemas _____ porque eles variam de acordo com as características _____.

O _____ é um exemplo de ecossistema. Seu solo é alagado, pobre em _____ e bem _____, mas os seres que vivem nesse local estão _____.

Manguezal na ilha de Boipeba, no litoral do estado da Bahia, 2015.

A	M	V	C	T	U	A	D	A	P	T	A	D	O	S	K	L	Ç
L	C	V	B	V	R	G	Y	H	U	O	P	P	Ç	G	H	A	G
M	Q	T	S	E	R	E	S	V	I	V	O	S	P	A	M	F	T
O	D	V	G	X	R	W	T	G	U	I	O	L	N	E	X	R	R
X	R	A	Ç	T	C	G	F	R	Q	S	R	D	T	J	V	D	F
I	T	M	A	N	G	U	E	Z	A	L	I	S	X	E	B	I	V
G	G	G	T	R	H	R	V	T	W	J	I	K	M	S	N	F	G
Ê	Y	H	G	S	X	K	Z	X	V	S	T	V	D	A	T	E	T
N	U	U	C	Q	T	H	T	G	S	S	I	Y	T	L	H	R	F
I	H	M	C	V	B	G	A	C	H	F	G	S	A	G	G	E	F
O	V	K	X	T	N	Y	C	E	Q	M	U	S	F	A	S	N	E
D	W	A	M	B	I	E	N	T	A	I	S	R	T	D	W	T	G
C	Ç	R	X	C	T	V	W	Y	U	I	S	V	B	O	E	E	T
C	K	Ç	I	U	J	B	Y	F	C	F	R	B	J	G	L	S	Y

27

11 Observe o exemplo da primeira tabela. Depois, preencha a segunda tabela com os seres vivos correspondentes.

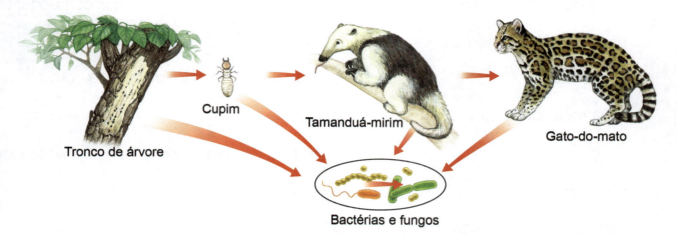

Produtor	Consumidor	Decompositor
Árvore	Cupim	Bactérias e fungos
	Tamanduá-mirim	
	Gato-do-mato	

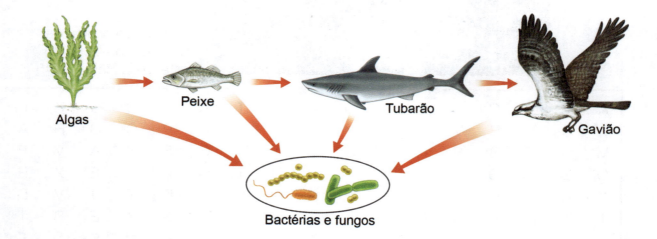

Produtor	Consumidor	Decompositor

Os elementos da imagem não estão na mesma proporção. Cores-fantasia.

12 Observe o esquema e complete as frases.

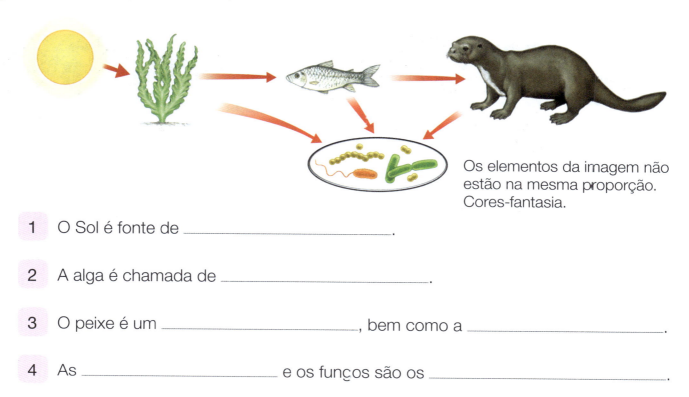

Os elementos da imagem não estão na mesma proporção. Cores-fantasia.

1. O Sol é fonte de _____.

2. A alga é chamada de _____.

3. O peixe é um _____, bem como a _____.

4. As _____ e os funcos são os _____.

13 Leia a tirinha e responda às questões.

a) Qual processo está representado?

_____

b) Quais seres vivos são responsáveis por esse processo?

_____

29

14 Marque com **X** a situação em que os resíduos orgânicos que passarão por decomposição recebem um tratamento mais adequado.

Verduras descartadas em feira e que vão para o lixo comum. Bairro da Aclimação, na cidade de São Paulo (SP), em 2017.

Matéria orgânica secando em terreiro de usina de compostagem e reciclagem de lixo. Pingo D'água (MG), em 2013.

15 Coloque a letra **V**, de verdadeiro, nas frases que estão corretas e **F**, de falso, nas frases que estão incorretas.

1. Os produtores utilizam a energia do Sol para produzir seu próprio alimento por meio da fotossíntese.

2. Toda a energia que os produtores acumulam é utilizada para seu crescimento e desenvolvimento.

3. Quando um consumidor se alimenta de uma planta, ele aproveita apenas parte da energia.

4. A quantidade de energia diminui ao longo das cadeias alimentares.

5. O caminho da energia ao longo das cadeias alimentares é chamado de ciclo da matéria.

- Reescreva as frases falsas, corrigindo-as.

___
___
___
___

16 Leia o texto.

Papa-vento-da-chapada
Enyalius erythroceneus

Em um campo rupestre da Chapada Diamantina, sobre o galho de uma canela-de-ema, um casal de grilos estridula:

— Cri, crii, criii, criiii... Criiiiiistina, acho que estamos seguros.

— Mas cri... crii...criii... Criiiiistóvam, estou grilada! Não consigo relaxar. Dizem por aí que o papa-grilo-da-chapada sabe se esconder bem nos arbustos e tem um jeito agitado, furioso. Vi quando um gavião-pomba tentou capturar um. É melhor a gente ficar de olho!!!

— Cri, crii, criii, criiii... Criiiistina, o nome correto do nosso predador é papa-vento-da-chapada e, sim, é preciso ficar de olho nesse lagarto, é preciso cuidado, pois ele tem uma tal de coloração **críptica** em que combina sua cor com a do ambiente onde vive, ficando bem parecido com as cascas das árvores, ou folhas, ou troncos, ou pedras. Se você vir algo suspeito, me avise.

...
— Cris?
...
— Cri... crii... criii... Criiiistinaaaaaa!!! Cadê vô...
[...]

> **Críptica:** disfarçada, escondida.

Otávio Maia; Tino Freitas. *Livro vermelho das crianças.* Brasília: Instituto Brasileiro de Informação em Ciência e Tecnologia (Ibict), 2015. Disponível em: <http://livroaberto.ibict.br/handle/1/1056>. Acesso em: 23 abr. 2019.

a) Sublinhe no texto, com lápis de cor, o trecho que mostra uma relação de camuflagem.

b) Usando outra cor, sublinhe o trecho que descreve a relação de predação entre os animais.

c) Depois, pinte a legenda do texto com as cores escolhidas.

17 Observe onde está a aranha e responda.

- Como se chama a estratégia da aranha para se esconder no ambiente?
_____

18 Observe a foto e responda às questões.

a) As manchas nas asas do inseto lembram o formato de outro animal. Que animal é esse?
_____

b) Como se chama essa estratégia da borboleta?
_____

19 Leia a tirinha e responda às questões.

ARMANDINHO   Alexandre Beck

a) Como se chama a relação estabelecida entre o piolho e o menino?
_____

b) Qual dos dois é prejudicado?
_____

c) E qual é favorecido?
_____

A matéria e suas transformações

Lembretes

Reconhecer a matéria

- Matéria é tudo aquilo que ocupa espaço e tem massa.
- A massa de um objeto está relacionada à quantidade de matéria que ele possui e pode ser medida, por exemplo, em gramas (g) ou quilogramas (kg).
- Volume é o espaço que a massa ocupa.
- Algumas unidades de medidas de volume são o centímetro cúbico (cm^3), o metro cúbico (m^3), o mililitro (ml) e o litro (l).
- A matéria pode ser encontrada em três estados: líquido, sólido e gasoso.

Transformações físicas da matéria

- Uma transformação física ocorre quando um objeto muda, mas o material de que ele é feito continua o mesmo e não há produção de novas substâncias.
- Tanto a mudança de forma de um material como a mudança de estado físico são transformações físicas da matéria.

Misturas

- A maioria dos materiais que existem na natureza são misturas de substâncias.
- As substâncias que dissolvem outras são chamadas de solventes e as que são dissolvidas chamam-se solutos.
- Algumas misturas não possuem o mesmo aspecto em toda a sua extensão, o que nos permite identificar pelo menos alguns de seus componentes.
- Existem vários métodos de separação de misturas: a catação, a filtração, a separação magnética, a evaporação, a decantação e a destilação.

Transformações químicas da matéria

- Algumas transformações alteram as substâncias do material e, por isso, são chamadas de transformações químicas.
- A produção de gás, a mudança de cor, a produção de luz ou calor, por exemplo, são evidências de que aconteceram transformações químicas em um material.
- As transformações químicas são frequentemente irreversíveis.

Atividades

1. Descubra as respostas e preencha a cruzadinha.

O que é, o que é?

1. Ocupa espaço e tem massa?
2. Pode ser medida com o uso de balanças?
3. Indica o espaço que a matéria ocupa?
4. Podem mudar de forma, mas seu volume é fixo?
5. Possuem forma e volume variáveis?
6. Possuem forma e volume fixos?

2 Observe as embalagens. Elas estão identificando a massa ou o volume dos produtos? Marque com um **X**.

- Em seguida, escreva a medida de cada produto usando g, kg, l ou ml.

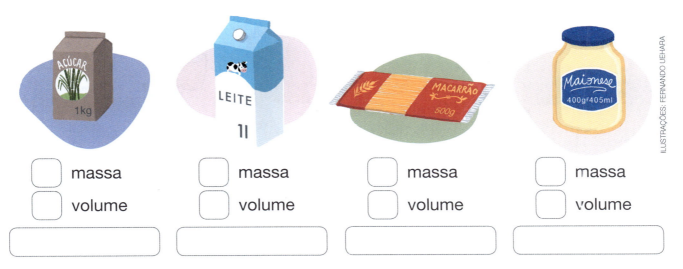

☐ massa   ☐ massa   ☐ massa   ☐ massa
☐ volume   ☐ volume   ☐ volume   ☐ volume

3 Leia o texto e responda às perguntas.

> Ah, sim... e como é que vamos desenhar a água para fazer o cartaz do Dia da Água? [...]
>
> Quando você chegar no colegial vai aprender que "a água toma a forma do vaso que a contém". O que é uma maneira toda metida de dizer que, se você botar a água nessa jarra ela fica com a forma da jarra, se botar num copo, ela fica com a forma do copo, se botar numa piscina, ela fica quadradinha. Qual será, pois, a solução?
>
> [...]
>
> Ziraldo. *A água nossa de cada dia*. Santo André: Serviço Municipal de Saneamento Ambiental de Santo André – Semana. Disponível em: <http://mod.lk/formagua>. Acesso em: 23 abr. 2019.

a) De acordo com as características descritas no texto, podemos dizer que a água está em qual estado físico?

_____

b) Quais são os outros estados físicos em que a água pode ser encontrada?

_____

35

4 Carla e seu pai estão fazendo um bolo e precisam medir os ingredientes indicados na receita.

Receita de bolo
Ingredientes
- 4 ovos
- 300 g de açúcar
- 240 g de farinha
- 100 g de achocolatado
- 240 ml de leite
- 20 g de fermento em pó

- Na cozinha, observamos dois equipamentos de medida. Qual deles é mais indicado para medir cada ingrediente?

_____
_____
_____
_____
_____

5 Complete o esquema com as palavras do quadro.

| Fusão | Vaporização | Solidificação | Condensação |

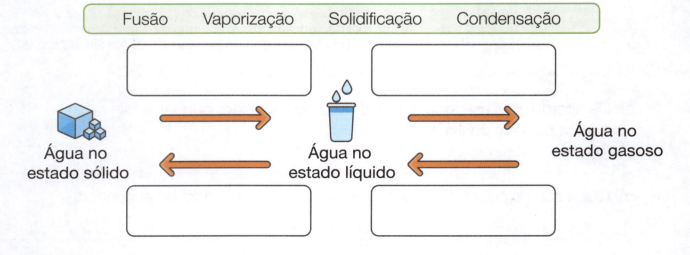

36

6 Desembaralhe as palavras e decifre o texto.

> A **linabne** acontece quando o **vpoar** de **gáua** existente no ar, que está perto do solo, é **denconsado** e se transforma em **ícugotlas** de **guáa** condensada que ficam suspensas no ar.

_____

_____

_____

_____

_____

_____

7 Pinte as frases verdadeiras.

1 | Estourar o milho da pipoca é uma transformação irreversível.

2 | O derretimento da manteiga é uma transformação química.

3 | A fabricação de picolés a partir do congelamento do suco de frutas é uma transformação irreversível.

4 | A queima da madeira é uma transformação irreversível.

- Corrija as frases falsas da atividade anterior.

_____

_____

_____

_____

8 Observe as cenas. A segunda ocorreu uma hora depois da primeira.

- Agora, responda:

a) A salada de frutas, o bolo e o suco continuam sendo misturas na segunda cena?

___

b) Observe as cenas novamente. Agora, cite um exemplo de transformação química e outro de transformação física que aconteceram durante o tempo transcorrido entre a cena 1 e a cena 2.

___

9 Troque os símbolos pelas letras e decifre o texto.

A	B	C	D	E	I	L	M	N	O	R	S	T	U	V

A maioria dos materiais que existem na natureza são ⬡⬡⬡⬡⬡⬡⬡ de ⬡⬡⬡⬡⬡⬡⬡⬡⬡⬡⬡. As ⬡⬡⬡⬡⬡⬡⬡⬡ podem ter o mesmo aspecto em toda sua extensão e é difícil descobrir do que elas são compostas, porque algumas ⬡⬡⬡⬡⬡⬡⬡⬡⬡⬡⬡ podem se ⬡⬡⬡⬡⬡⬡⬡⬡⬡⬡ quando são ⬡⬡⬡⬡⬡⬡⬡⬡⬡⬡⬡ em outras.

_____

_____

_____

10 Observe novamente as cenas da atividade 8. Anote um exemplo de:

a) mistura em que você consegue identificar os ingredientes;

_____

_____

b) mistura em que você não pode mais identificar as substâncias que a compõem.

_____

11 Pesquise e escreva os ingredientes que compõem cada mistura a seguir.

a) Achocolatado = _____ + _____

b) Soro fisiológico = _____ + _____ + _____

c) Aço = _____ + _____

d) Escolha uma mistura e escreva os ingredientes que a compõem.

_____

_____

39

12 Qual é o solvente das misturas? E quais são os solutos?

a) Leite + açúcar + chocolate

Solvente = _____

Solutos = _____

b) Água + açúcar + sal

Solvente = _____

Solutos = _____

c) Pó de café solúvel + água

Solvente = _____

Soluto = _____

13 Já reparou que muitos produtos que você consome têm essa frase em suas embalagens? Essa recomendação é dada porque alguns ingredientes podem se separar da mistura e se depositar no fundo do recipiente quando são deixados em repouso.

Deixar uma mistura em repouso para que os materiais sólidos que não se dissolveram se depositem no fundo do recipiente é um método de separação das misturas.

- Qual é o nome desse método?

_____

14 O ar que respiramos também é uma mistura.

- Quais são os três principais gases que o compõem?

_____

_____

40

15 Leia o texto e observe a imagem.

Poluição do ar

Poluente atmosférico é toda matéria liberada no ar que pode acarretar prejuízos à nossa saúde, ao nosso bem-estar e aos demais seres vivos e até mesmo aos objetos.

Uma das fontes de poluição é a fumaça liberada pelos automóveis e pelas indústrias. Ela é formada por várias substâncias.

Por isso, a instalação de filtros nos escapamentos de automóveis e nas chaminés das indústrias muitas vezes é exigida pelos órgãos de fiscalização ambiental.

Operários, Tarsila do Amaral, 1933. Óleo sobre tela, 150 cm × 205 cm.
O quadro representa um período marcado pelo aumento do número de indústrias no Brasil, principalmente no estado de São Paulo.

- Agora, responda:

  a) A fumaça é uma mistura? Grife o trecho do texto que justifica sua resposta.

  _____

  _____

  b) Observe o quadro de Tarsila do Amaral. Em qual estado físico a fumaça se encontra?

  _____

  c) Qual método é usado para separar as substâncias prejudiciais da fumaça antes de ela ser lançada para a atmosfera?

  _____

16 Antes de chegar até a torneira da sua casa, a água passa por um processo de tratamento em que são aplicados alguns métodos de separação de misturas. Siga as dicas e descubra quais são esses métodos.

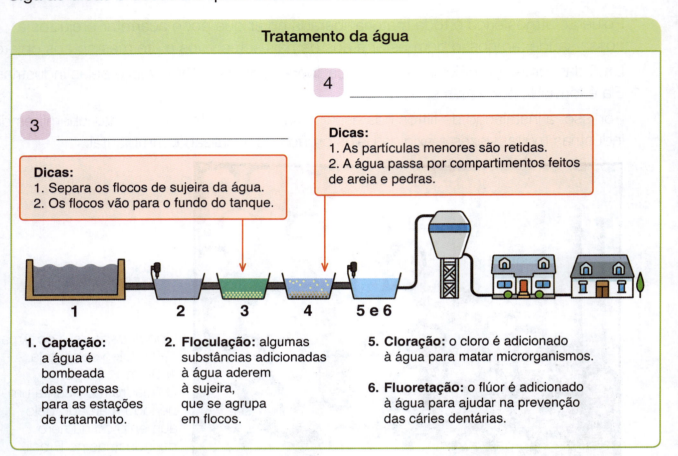

Tratamento da água

3 _____

Dicas:
1. Separa os flocos de sujeira da água.
2. Os flocos vão para o fundo do tanque.

4 _____

Dicas:
1. As partículas menores são retidas.
2. A água passa por compartimentos feitos de areia e pedras.

1. **Captação:** a água é bombeada das represas para as estações de tratamento.

2. **Floculação:** algumas substâncias adicionadas à água aderem à sujeira, que se agrupa em flocos.

5. **Cloração:** o cloro é adicionado à água para matar microrganismos.

6. **Fluoretação:** o flúor é adicionado à água para ajudar na prevenção das cáries dentárias.

17 Ligue as colunas de acordo com o tipo de transformação.

transformação irreversível

transformação reversível

18 Decifre o diagrama pintando de preto os campos com as letras **W** e **Y**. As letras que sobrarem formarão um texto sobre a ferrugem.

V	W	Y	O	C	W	Ê	Y	Y	S	A	W	B	E	C	W	O
M	Y	O	Y	A	W	F	E	R	R	U	W	G	Y	E	M	W
W	S	E	W	Y	F	Y	O	R	W	M	Y	A	W	Y	?	Y
O	W	F	Y	E	Y	R	R	W	O	,	W	Q	U	A	Y	N
D	Y	O	W	E	N	W	T	R	A	Y	E	M	W	C	W	O
N	T	Y	A	T	O	Y	C	O	M	W	A	Y	U	M	I	Y
D	W	A	D	E	Y	E	W	O	Y	O	X	W	I	G	Ê	W
N	I	O	W	D	O	Y	A	R	,	W	S	O	W	F	R	E
U	M	A	Y	R	E	W	A	W	Ç	Ã	O	,	Y	F	O	R
M	A	N	W	D	O	Y	A	S	W	S	I	M	W	A	W	Y
F	E	Y	R	R	W	U	Y	G	W	E	M	.	Y	W	Y	W

- Agora, assinale com **X** a(s) alternativa(s) correta(s).

  A transformação do ferro em ferrugem é:

  ☐ química   ☐ reversível

  ☐ física   ☐ irreversível

  Dica
  Mais de um campo pode ser assinalado!

19 As estátuas de bronze são produzidas com a ajuda de um molde feito de materiais resistentes ao calor. Assim, por meio do aquecimento, a mistura de metais que forma o bronze torna-se um líquido viscoso e é despejado no molde, adquirindo sua forma.

Estátua do escritor Carlos Drummond de Andrade, praia de Copacabana, Rio de Janeiro (RJ), 2018. Ela é feita de bronze, uma liga metálica.

a) O bronze é uma mistura? Por quê?

_____

_____

b) A transformação do bronze em uma estátua é uma transformação química ou física?

_____

43

20 Observe a imagem.

- O desenho apresenta um exemplo de transformação química. Quais são as evidências de sua ocorrência?

_____
_____

21 Escreva qual é o método de separação de misturas descrito em cada frase.

1. Possibilita separar as substâncias de uma mistura por meio da diferença de temperatura de ebulição entre elas. _____

2. Possibilita separar o sólido de uma mistura por meio da dissipação de outra substância. _____

3. Possibilita separar manualmente os materiais de uma mistura. _____

4. Possibilita usar materiais com minúsculos orifícios para que a parte sólida de uma mistura fique retida e a parte líquida passe por eles. _____

5. Possibilita usar um ímã para separar os metais de outros materiais. _____

6. A mistura é deixada em repouso para que os materiais sólidos se acumulem no fundo. _____

44

UNIDADE 4 — Aprender com o céu

Lembretes

As informações que estão no céu

- Com a observação dos corpos celestes ao longo do tempo, o ser humano percebeu alguns ciclos regulares.
- Os primeiros ciclos observados foram o movimento aparente do Sol no céu, produzindo dias e noites, e a mudança gradual da aparência da Lua ao longo de um mês.
- A Astronomia é a ciência que estuda os corpos celestes.

Os astros e a passagem do tempo

- Fenômenos cíclicos são eventos que se repetem de tempos em tempos.
- O dia é um fenômeno cíclico que corresponde ao tempo aproximado que a Terra demora para dar uma volta em torno de si mesma.
- A mudança na aparência da Lua é cíclica e gradual, pois apresenta fases. As principais são: Lua Nova, Quarto Crescente, Lua Cheia e Quarto Minguante.
- A duração de sete dias para cada fase foi definida com base na duração aproximada de cada aparência da Lua no céu.
- O período que transcorre entre a repetição de uma mesma fase da Lua foi utilizado para determinar a duração de um mês.
- Com base nas observações dos ritmos da natureza, foram identificados quatro períodos diferentes que se sucediam, as estações do ano: primavera, verão, outono e inverno.

Os calendários

- Os calendários baseiam-se em dias, semanas, meses e anos.
- Vários calendários diferentes são usados no mundo. O calendário gregoriano, os calendários indígenas e o calendário chinês são alguns exemplos.

Orientação no espaço

- Podemos nos localizar usando pontos de referência.
- Os pontos cardeais são pontos de referência universais. São eles: leste (L), oeste (O), norte (N) e sul (S).
- O astrolábio, a bússola e o GPS (Sistema de Posicionamento Global) são exemplos de instrumentos de orientação.

Atividades

1 Complete a cruzadinha.

1. Ciência que estuda os corpos celestes.
2. Nome do modelo que propunha que o Sol e as estrelas giravam em torno da Terra.
3. Nome do modelo que propõe que a Terra gira em torno do Sol.
4. Instrumento de observação do céu que ajudou Galileu Galilei a descobrir planetas e satélites naturais.
5. Instrumento de observação importante para a comprovação do modelo que propõe que a Terra gira em torno do Sol.
6. Profissional que estuda o Universo.

2 Observe a imagem e responda às questões.

Relógio de sol localizado no Parque da Cidade, Brasília, DF, em 2016.

a) Qual horário o relógio está marcando?

_____

_____

b) Nesse relógio, é possível ter registradas as horas de que intervalo do dia?

_____

_____

3 Agora é sua vez! Desenhe no relógio de sol a posição em que a sombra seria projetada, aproximadamente, às 9 horas e 45 minutos.

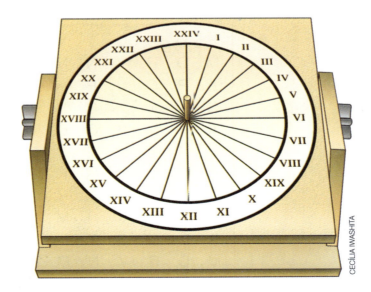

4 Quais são as dificuldades encontradas em contar as horas por meio de sombras projetadas pelo Sol?

_____

_____

5 Além do relógio de sol, outros instrumentos foram criados para marcar o tempo no decorrer da história. Um deles foi o relógio de água.

Esse instrumento foi criado no Egito e usava um mecanismo que transferia a água de um recipiente para outro através de um orifício, em um ritmo controlado, que marcava períodos de tempo. Veja a figura ao lado:

a) Com o relógio de água era possível saber as horas no período da noite?

☐ Sim   ☐ Não

b) Pesquise como o relógio de água também pode ser chamado?

_____

6 Siga as setas para descobrir o nome de mais um instrumento usado para marcar os períodos de um dia. Escreva o nome dele na legenda da imagem.

E	D	D	C	T	Y	E	C	S	Q	V	B	N
M	D	R	V	N	M	K	I	P	Z	X	Q	W
A	R	C	U	P	→	U	N	M	K	I	P	Y
G	T	I	↗	C	V	↓	D	R	V	N	M	K
A	→	M	V	O	O	L	→	H	→	E	U	Y
U	R	E	K	I	P	Z	X	Q	F	↓	O	I
D	R	V	N	M	K	F	Y	A	←	T	D	G
E	D	D	C	T	Y	E	C	S	Q	V	B	N
M	D	R	V	N	M	K	I	P	Z	X	Q	W
E	D	D	C	T	Y	E	C	S	Q	V	B	N
M	D	R	V	N	M	K	I	P	Z	X	Q	W

_____

48

7 Você já observou que a Lua muda de aparência no céu, originando as quatro fases. Quais são os nomes das fases da Lua?

_____

_____

8 Qual evento astronômico cíclico é apresentado no calendário abaixo?

- Observar esse evento é importante para determinar a passagem dos(as):

  ☐ anos.
  ☐ meses.
  ☐ semanas.
  ☐ dias.

Dica
Você pode marcar mais de uma opção.

9 Desenhe as mudanças na aparência da Lua na data em que ocorrem, considerando o calendário do mês de novembro de 2020.

NOVEMBRO 2020						
DOM	SEG	TER	QUA	QUI	SEX	SÁB
1	2	3	4	5	6	7
8 ☾	9	10	11	12	13	14
15	16	17	18	19	20	21
22	23	24	25	26	27	28
29	30					

☾8 ●15 ☽22 ○30

● Lua Nova
☽ Quarto Crescente
○ Lua Cheia
☾ Quarto Minguante

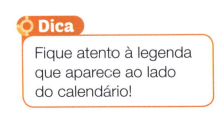

Dica
Fique atento à legenda que aparece ao lado do calendário!

49

10 É comum associar a Lua aos períodos noturnos do dia, mas não se engane! Em algumas das suas fases, a Lua pode ser observada durante o dia. Em quais fases isso acontece?

_____

11 Leia o texto e responda à questão.

O dia a dia escrito nas estrelas

Na cultura Mbya, o céu funciona como um grande calendário. Algumas constelações, por exemplo, anunciam a chegada das quatro estações do ano. Quando elas podem ser vistas no céu, é sinal de que cada estação está começando [...] cada estação é simbolizada por desenhos imaginários que abrangem várias constelações tradicionais.

O desenho para o verão é o Homem Velho ou Tuya'i; e as outras estações são representadas por animais: o outono é o Veado (Guaxu, na língua Mbya); o inverno é a Ema (Guyra nhandu); e a primavera é a Anta (Tapi'i) [...]

Representação da constelação da Ema, presente na cultura indígena Mbya.

A constelação de Arapuca (Aka'ekorá) representa uma armadilha para pegar pássaros e é utilizada para marcar a proximidade do início do ano para os Mbya. Quando o ano novo finalmente chega, é anunciado pela constelação de Tinguaçu, um pássaro da mitologia indígena.

Outra constelação relacionada ao tempo é Kuruxu, que corresponde ao nosso Cruzeiro do Sul [...] Observando o Kuruxu, os índios marcam, além das estações do ano, a passagem das horas.

Omar Martins da Fonseca. Uma viagem ao céu dos índios Guarani Mbya. _Ciência Hoje das Crianças,_ ano 29, n. 277, p. 8-11, abr. 2016. Disponível em: <http://mod.lk/ceuind>. Acesso em: 23 abr. 2019.

- De acordo com o texto, quais passagens do tempo são acompanhadas por meio de observações do céu pelos indígenas Guarani Mbya? Cite um exemplo.

_____

_____

_____

12 Você sabe em que dia da semana você nasceu?

Ana e seus amigos querem descobrir também! Ajude-os, consultando o calendário permanente. Veja como calcular o dia da semana em que nasceu Ana.

> Ana nasceu em 4 de maio de 2010. Então, para descobrir em que dia da semana caiu essa data, procure o ano de 2010 na **tabela A**. Depois, é só seguir à direita e encontrar o mês de maio na **tabela B**. Encontrou o número 6? Some este número ao dia do aniversário de Ana: 4 + 6 = 10. Por fim, procure o número 10 na **tabela C**. Ana nasceu em uma terça-feira!

CALENDÁRIO PERMANENTE

	A — Anos							B — Meses											
	1901-2000			2001-2092				J	F	M	A	M	J	J	A	S	O	N	D
	25	53	81		09	37	65	4	0	0	3	5	1	3	6	2	4	0	2
	26	54	82		10	38	66	5	1	1	4	6	2	4	0	3	5	1	3
	27	55	83		11	39	67	6	2	2	5	0	3	5	1	4	6	2	4
	28	56	84		12	40	68	0	3	4	0	2	5	0	3	6	1	4	6
1	29	57	85		13	41	69	2	5	5	1	3	6	1	4	0	2	5	0
2	30	58	86		14	42	70	3	6	6	2	4	0	2	5	1	3	6	1
3	31	59	87		15	43	71	4	0	0	3	5	1	3	6	2	4	0	2
4	32	60	88		16	44	72	5	1	2	5	0	3	5	1	4	6	2	4
5	33	61	89		17	45	73	0	3	3	6	1	4	6	2	5	0	3	5
6	34	62	90		18	46	74	1	4	4	1	2	5	0	3	6	1	4	6
7	35	63	91		19	47	75	2	5	5	1	3	6	1	4	0	2	5	0
8	36	64	92		20	48	76	3	6	0	3	5	1	3	6	2	4	0	2
9	37	65	93		21	49	77	5	1	1	4	6	2	4	0	3	5	1	3
10	38	66	94		22	50	78	6	2	2	5	0	3	5	1	4	6	2	4
11	39	67	95		23	51	79	0	3	3	6	1	4	6	2	5	0	3	5
12	40	68	96		24	52	80	1	4	5	1	3	6	1	4	0	2	5	0
13	41	69	97		25	53	81	3	6	6	2	4	0	2	5	1	3	6	1
14	42	70	98		26	54	82	4	0	0	3	5	1	3	6	2	4	0	2
15	43	71	99		27	55	83	5	1	1	4	6	2	4	0	3	5	1	3
16	44	72	00		28	56	84	6	2	3	6	1	4	6	2	5	0	3	5
17	45	73		01	29	57	85	1	4	4	0	2	5	0	3	6	1	4	6
18	46	74		02	30	58	86	2	5	5	1	3	6	1	4	0	2	5	0
19	47	75		03	31	59	87	3	6	6	2	4	0	2	5	1	3	6	1
20	48	76		04	32	60	88	4	0	1	4	6	2	4	0	3	5	1	3
21	49	77		05	33	61	89	6	2	2	5	0	3	5	1	4	6	2	4
22	50	78		06	34	62	90	0	3	3	6	1	4	6	2	5	0	3	5
23	51	79		07	35	63	91	1	4	4	0	2	5	0	3	6	1	4	6
24	52	80		08	36	64	92	2	5	6	2	4	0	2	5	1	3	6	1

C – Dias da semana

D	S	T	Q	Q	S	S
1	2	3	4	5	6	7
8	9	10	11	12	13	14
15	16	17	18	19	20	21
22	23	24	25	26	27	28
29	30	31	32	33	34	35
36	37					

Agora é sua vez! Paulo é um pouco mais novo que Ana e sua data de nascimento é 27 de maio de 2010. Gabi nasceu em 2 de dezembro de 2012 e Rafael, o mais velho da turma, nasceu no dia 26 de junho de 2009.

- Siga o passo a passo e anote em que dia da semana nasceram:

a) Paulo: _____

b) Gabi: _____

c) Rafael: _____

51

13 Observe a ilustração a seguir e faça que se pede.

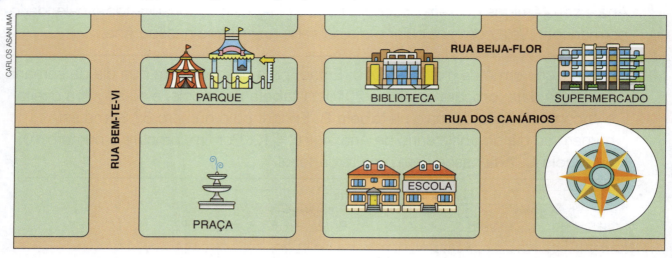

a) Complete a rosa dos ventos com os pontos cardeais e colaterais.

b) Agora, leia algumas afirmações sobre a localização de alguns lugares apresentados no desenho e classifique-as em verdadeiras (**V**) ou falsas (**F**).

☐ 1. O parque está localizado a leste da biblioteca.

☐ 2. A Rua dos Canários está localizada ao sul do parque.

☐ 3. O parque fica a noroeste da escola.

☐ 4. A Rua Bem-te-vi está a oeste do parque.

☐ 5. A biblioteca fica na direção sudeste da praça.

☐ 6. A escola está localizada a sudeste do supermercado.

14 Escreva as frases do exercício anterior que você classificou como falsas, corrigindo-as.

_____
_____
_____
_____
_____
_____

15 Carla e sua família estão indo viajar. Para aproveitar bem o dia, saíram bem cedo de casa. Sabendo disso, para qual direção a sombra do carro está sendo projetada?

☐ norte   ☐ sul   ☐ leste   ☐ oeste

16 Encontre quatro erros na cena abaixo.

17 Observe a sombra projetada no gnômon e responda às questões.

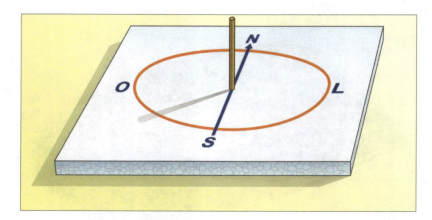

a) Qual período do dia está sendo representado no desenho?

_____

b) Quando for cerca de 18 horas, onde estará sendo projetada a sombra no gnômon? Represente-a no desenho.

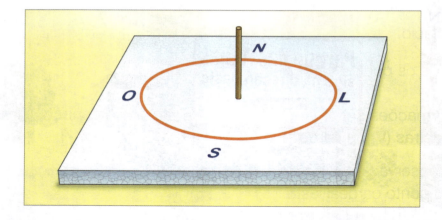

18 Leia a tirinha e responda às questões.

PEANUTS Charles Schultz

a) Por que a bússola é um instrumento importante para a caminhada de Snoopy e sua turma?

_____

_____

b) Qual seria a função do relógio de sol durante a caminhada?

_____

_____

19 Carlos precisa achar o melhor caminho para chegar à casa de um amigo. Ele mora em uma cidade bem urbanizada, com muito trânsito de automóveis e prédios altos. Qual instrumento de orientação é mais indicado para que Carlos consiga localizar o endereço e o melhor caminho?

☐ Bússola.

☐ GPS.

☐ Astrolábio.

☐ O Sol e os pontos cardeais.

20 Leia as afirmações sobre orientação e localização no espaço. Classifique-as em verdadeiras (**V**) ou falsas (**F**).

☐ 1. A observação do nascer do Sol fornece sempre a posição exata do ponto cardeal leste.

☐ 2. A rosa dos ventos presente nos mapas e nas bússolas indica os pontos cardeais principais e os pontos colaterais.

☐ 3. A agulha de uma bússola sempre indica a direção norte. A partir desse ponto, conseguimos identificar os outros pontos cardeais.

• Agora, corrija as alternativas falsas.

_____

_____

_____

21 Com o lápis, ajude o personagem a encontrar a saída.

- Agora, complete a frase:

    A saída fica na direção _____ .